Elisabeth Gertsch: Die Engel an unserer Seite

Elisabeth Gertsch

Die Engel an unserer Seite

eine Geschichte zur Geburt,
zum Erdenweg
und zum Abschied

illustriert mit Bildern
von Sulamith Wülfing

Voglherd 1 · D- 85567 Grafing
Herstellung: P & P Lichtsatz GmbH, Grafing
ISBN 3-922936-78-4

für Fabienne, Jan und Phillippe

INHALT

Teil 1

Geburt

Hoch oben im Universum, von dem keiner zu sagen vermag, wo seine Grenzen verlaufen, da wartete ein Himmelskind darauf, daß all die Sterne ihren Schein auf seine Seele richten würden,

denn dann war es Zeit, seine Erdenreise zu beginnen.

Die Zeiger der himmlischen Uhren rückten vorwärts, und das Kind wob sich sein Seelengewand aus den himmlischen Banden, die seit jeher bestanden.

Es verwob sie mit den zarten Fäden aus seiner Vergangenheit und mit denen, die zu all den Wesen führten, mit welchen es verbunden war.

Es wurde ein buntes, farbiges Gewand, denn gar vieles war da miteinander verknüpft und vieles mit hineingelegt.

In dieser Zeit, da wanderten die Sterne unaufhaltsam weiter auf ihrer Bahn, und allmählich fiel ihr Schein auch immer heller auf das Seelenkleid.

Als das Kind dann die letzten Fäden verknüpfte, ereignete sich das wundervolle Geschehen.

Ein jeder Stern schickte jetzt sein Licht zu einem ganz bestimmten Faden hin, und als auch der letzte Faden ganz in Licht getaucht und sichtbar war,

da blieben die Sterne
stehen, und auch die
himmlischen Uhren
liefen nicht mehr
weiter.

Die Reise für das Kind hatte begonnen. Die Sterne leuchteten ihm seinen Weg hinunter auf die Erde, und Engel kamen herbei, um über dem Kind zu wachen, auf seinem neuen Weg.

Als es schon weit gegangen war, der Sternenschein nahm langsam ab, da kam der Engel mit den irdischen Lichtern und zündete auch diesem Kind sein eigenes Lebenslichtlein an.

Das Herz des Kindes
war schon erfüllt mit viel
Wärme und Licht, und
so legte der Engel
noch seine Liebe
hinzu.

Dann war es soweit, sie standen vor der Erdentür.
In der Ferne hörten sie ein Glockenspiel erklingen, und der Sternenschein war fast nicht mehr zu sehen, dafür aber brannte jetzt das Lebenslichtlein ganz besonders hell und schön.

Das Sternenlicht zog sich dann tief in die Seele des Kindes zurück, um von nun an von innen nach außen zu wirken; und der Engel trug das kleine Menschenkind in den Schoß seiner irdischen Mutter. Da fingen die Zeiger seiner Lebensuhr an, sich zu drehen.

Langsam fielen dem kleinen Erdenwesen dann seine himmlischen Augen zu, und es erblickte das Erdenlicht.
Und je weiter es seine irdischen Augen öffnete, desto heller brannte sein Lebenslicht.
Dann war auch der Engel nur noch ganz verschwommen zu sehen, denn auch er stieg hinab auf den Grund der kleinen Kinderseele, so wie das Sternenlicht.

Da kamen aus Wald und Feld viele kleine Wesen herbei, um das Kindlein zu schauen und auf dieser Erde willkommen zu heißen. Und keiner außer dem Kind konnte diese Wesen erblicken, weil sie nur denen sichtbar sind, die noch nicht lange auf der Erde wandeln.

Und hoch oben im weiten Universum, da gingen zur selben Zeit die Sterne wieder weiter auf ihrer Bahn, während unten auf der Erde sich der Mond schlafen legte, um der hellen Sonne seinen Platz zu geben, die kam, das Kind auf dieser Welt zu begrüßen.

Teil 2

Erdenweg

Die Sonne stieg hoch
am Himmel auf.
Auch sie legte ihren
goldenen Schein in das
Kinderherz hinein.
So nahm der erste
Erdentag seinen Lauf,
und gar viele Tage
folgten ihm.

Es waren die irdischen Tage, wo Licht und Dunkel, Freude und Leid, sich in den Dämmerstunden die Hand reichen.

Noch aber fühlte das Kind sich den Engeln nah, und es konnte all die lichten Wesen schauen, die zwischen der irdischen und der himmlischen Welt hin und her wandelten, weil sie ihre Heimat in diesen beiden Welten haben.

Noch konnte es durch
die Nebelschleier blicken,
die sich ganz langsam
über die Erde legten.

Doch eines Tages dann,
da waren die Nebel so
zäh und dicht, daß
es nicht mehr
durch sie hindurchzuschauen
vermochte.

So blieb mit der Zeit
auch in ihm nur noch eine
leise Ahnung zurück, die
es an die Tage mit den
Elfen, den Feen und
den Zwergen erinnerte,
und an jenes göttliche
Licht, in dessen Schein
so vieles sichtbar ist.

Und die Zeiger der irdischen Uhren rückten schnell voran.
Das Kind glich nun all den anderen Menschenkindern, denen der Nebel zu dicht geworden war.

Es war nun wie sie, genauso in das Irdische verwickelt und mit dem ganzen Erdengeschehen verstrickt.

Doch tief in seinem Herzen,
da wohnte der Engel,
und so konnte ihm trotz
all des Erdengeschehens
das Himmlische nicht ganz
verlorengehen.
Und in ihm war auch der
Sternenschein, der sich
im Laufe der Zeit den
vorbestimmten Lebensplan
erwirkte,

so daß das Lebensmuster,
das im mitgebrachten Seelen-
kleid vorgezeichnet war,
sichtbar wurde.

Und die Zeiger der
Lebensuhr rückten
vorwärts.

Die Mitte der Zeit
nahm ihren Gang.

Alte Muster lösten sich auf und neue wurden hinzugewoben.

Und viele Wege gab es
zu wandern in dieser
Welt.
Wege, die unbemerkt fast,
auf einmal vor großen Bergen
endeten oder die sich irgend-
wo hinter sanften Hügeln
verloren,

in ferne Meere mündeten
oder sich in endlosen
Sanddünen verliefen.

Gar oft mußte das Menschen-
kind innehalten auf seinem
Weg, um weiter zu sehen und
zu suchen.

Und immer, wenn es glaubte, es gäbe da keinen Weg mehr zu gehen, tauchte doch wie zufällig, aus dem scheinbaren Nichts, ein neuer Pfad vor ihm auf, der begehbar war. Auf diesen Wegen dann traf es jene Menschen, nach denen es sich in seiner Himmelszeit so sehr gesehnt hatte.

Gemeinsam ging es dann
ein Stück weit voran.
Oft aber war es, daß
sich die Wege wieder
trennten und die Zeit
des frühen Abschieds kam.

Nie aber wandelte das Kind
allein auf dieser Erde.
Sein Schutzengel begleitete
es stets überall hin.

So wurde ihm im Laufe seiner Erdenzeit sein Lebensweg deutlich und klar sichtbar, und ihm war, als hätte ein so lange offener Kreis sich nun wieder geschlossen.
Helles Licht leuchtete überall und öffnete eine Mitte, in der es sich selbst finden konnte.
Dunkelheit war nun nirgends mehr zu sehen.

Und in diesem hellen Licht wurden die steilsten Wege wieder eben und flach, waren nicht mehr so steinig und mühsam zu beschreiten. Ruhiger und leiser wurde ihm auch die hastige, lärmige Welt, und es konnte wieder die Stimme seines Schutzengels hören,

der da sprach von der
Quelle dieses reinen
Lichtes, der Unsterblich-
keit der menschlichen
Seelen und dem großen
göttlichen Plan.
Da kehrte dem Kind die
leise Ahnung zurück,
all das Vergessene,
das Wissen um jene andere
Welt, erwachte in ihm
wieder,

und eine große Sehnsucht
trat ein in sein Herz.

Mit jedem Tag, der von nun an verging, sehnte sich das Kind mehr und mehr nach den unendlichen Weiten des Himmels mit ihren vielen Reichen.
Es sehnte sich zu den Engeln und den lichten Wesen, mit denen es noch aus alten Zeiten verbunden, weil es, wie ein jedes Menschenkind, ein Wesen dieser beiden Welten war.

Doch es gab noch ein kleines Stück Weg auf dieser Erde zu gehen.
Vieles betrachtete das Menschenkind jetzt mit ganz anderen Augen, und manches erschien ihm in einem neuen Licht.

Es wußte nun um das
Wirkliche, das Große,
und war sich seiner
unsterblichen Menschen-
seele bewußt.
Manches war ja schon
gelernt und verstanden,
erfahren und erwirkt,
und vieles dankbar
angenommen.

Da zeigte ihm die irdische Uhr schließlich seinen Lebensabend an, und der Lichtweg führte an einen kleinen, stillen Teich, in dessen Wasser sich die Lotosblüten spiegelten.

Müde vom Wandern setzte sich das Menschenkind hin. Es gab da keine Wege mehr, die noch einmal in die laute Welt hinaus geführt hätten, keinen Pfad, der noch lockte, weiter zu gehen.

Teil 3

Abschied

Die Sonne versank
hinter den Hügeln.
Lange Schatten zog
sie hinter sich her,
die langsam den Teich
umschlossen, um dann
ihren Mantel über die
Schultern dieses Erden-
wesens zu legen.

Doch das Menschenkind bemerkte all das nicht. Sein Blick war nach innen gerichtet, und eine große Ruhe breitete sich in seinem Herzen aus.

Versunken in einer langen Zwiesprache mit seinem Engel verharrte es.

Längst hatte der Mond sein Silberlicht in die Mitte des Teiches gelegt. Die Lotosblütenkinder schliefen in dieser Nacht nicht, sie wachten, und der Sternenschein fiel hell und leuchtend in die Seele des wartenden Menschen hinein.

Da löste sich hoch oben
im Universum ein helles
Sternenlicht aus seiner
Bahn.
Langsam schwebend kam es
auf die Erde nieder
und kreiste still über
dem Teich.

Da erwachte die Menschenseele aus ihrer Versunkenheit. Sie sah die Lotosblütenkinder wachen im silbernen Schein, sah das helle Licht über dem Teich.
Lächelnd blickte sie die Kinder an, und wissend um den göttlichen Plan streckte sie die Hände nach dem Licht aus, aus dessen Mitte ein Engel hervorging.

Auf seinen Armen trug er ein zart gewobenes Himmelskleid. Es war erarbeitet und erwirkt aus allem, was aus dem nun zu Ende gehenden Erdenleben dieses Menschen hervorgegangen war.

Und all das Gute
und Schöne,
das diese Seele in die Herzen
ihrer Mitmenschen
getragen und gelegt hatte,
war wiederzufinden
in diesem Gewand.

Lange betrachtete die Menschenseele ihr Kleid.
Reich verziert und bunt bestickt war es mit all den Empfindungen aus dem irdischen Leben.
Fest noch waren einige Fäden verknüpft, die zu den Seelen führten, mit denen dieses Menschenwesen in tiefer Liebe gemeinsam durch ihr Leben ging.

Sie nickte dem Engel
zu und schlüpfte
in das Himmelskleid,
und da blieben die
Zeiger ihrer Lebensuhr
auf dieser Erde stehen.

Der Lichtweg aber, der
war noch nicht zu Ende.

Langsam lösten sich
von der Erde die dichten
Nebelschleier.
Die himmlische und die
irdische Welt waren
nun nicht mehr getrennt.

Der Engel und die Seele
reichten sich die Hand,
und gemeinsam folgten sie
einem Band aus Licht,

das sich wie ein weiter
Regenbogen über die Erde
spannte.

Dann kamen sie zum
Himmelstor.

Aus der Ferne hörten sie
ein Glockenspiel erklingen,
und Engel kamen herbei,
um die Seele zu begrüßen,
die da eben in den göttlichen
Lichtkreis trat.

Und die Zeiger der himmlischen Uhr dieser Seele fingen erneut an sich zu drehen – und unten auf der Erde zogen sanft die Nebelschleier auf.

Dorothy Maclean

Du kannst mit Engeln sprechen

Selten erschien ein not-wendigeres Buch in einem Augenblick höchster Gefährdung! Zu einer Zeit, da alle Menschen offenen Herzens die Hilferufe der anklagenden Natur vernehmen, schenkt Dorothy Maclean der irrenden Welt die Botschaften der Engel und Devas der Naturreiche.

Nach Jahren des Suchens gelangt Dorothy, zusammen mit Peter und Eileen Caddy, nach Findhorn. Sie wird zu einer der entscheidenden Mitbegründerinnen des Findhorn-Gartens und zur Mittlerin zwischen der Welt der Engel und den Menschen. Aufgrund der von ihr empfangenen Botschaften vollzieht sich ein vollständiges Umdenken in der Behandlung der Natur. Statt gegen die Naturgesetze zu verstoßen, wird jetzt im Einklang mit ihnen gehandelt – und die Wesen des Lichtes finden offene Herzen.

Dorothy beschreibt, welche wundersamen Erfahrungen sie in der Begegnung mit den Engeln durchlebt und wie sich ihr Weltbild wandelt. Sie läßt ihre Leser teilhaben an ihren Zweifeln und ihrer Unsicherheit, aber auch an ihren beglükkenden Erlebnissen und ihren Erfüllung schenkenden Erfahrungen.

Wer dieses Buch mit dem Herzen liest, wird bewußter durch die Natur wandern, mit erleuchteter Einstellung in seinem Garten arbeiten und seine Ernährung beachten – und er wird sein Auto und alle seine technischen Geräte anders behandeln; denn beinahe Unglaubliches werden ihm die Botschaften der Engel übermitteln.

Ein Handbuch für das kommende Zeitalter, das Augen öffnet und neue Wege weist.

Eine der schönsten Blumen aus dem Findhorn-Garten!

ISBN 3-922936-24-5

Dora van Gelder-Kunz

Im Reich der Naturgeister

In einer Zeit, in der die Natur in ständig bedrohlicherem Ausmaße vom Menschen gefährdet wird, erheben immer mehr Menschen die Stimme, um über ihre Erlebnisse zu berichten, die Mahnung und Hoffnung zugleich beinhalten. Zu diesem Personenkreis gehört auch Dora van Gelder. Von Geburt an vertraut mit der Welt der Naturgeister und den Lichtreichen der Engel, beobachtet sie diese Scharen bei ihrem unermüdlichen Wirken. Sie schaute den Lichtwesen beim Ausgestalten und Verschönern von Gottes herrlichem Garten zu. Sei es in der Luft oder im Wasser, im Vorgarten oder im Gebirge, überall wirken intelligente Wesen, um im Einklang mit den göttlichen Gesetzen für den Aufbau der Natur zu arbeiten.

Dora van Gelder beobachtet nicht nur, sie gewinnt auch Freunde unter den leuchtenden Wesen. So gelingt es ihr, die Denk-, Empfindungs- und Lebensweise eines anderen Evolutionspfades menschlichem Begreifen näherzubringen. Auch wo sie selbst auf Verständnisschwierigkeiten stößt, wirkt gerade das Problem als solches erhellend. Der Leser erahnt, wie mannigfaltig und verschieden Gottes Geschöpfe sind. Ergänzt wird dieses Werk von Dora van Gelders hellsichtigen Wahrnehmungen über die Feiern des Weihnachtsfestes im Engelreich.

Tiefstes Mysterienwissen!

ISBN 3-922936-36-9